愛

谷川俊太郎

愛 ──

これが私の優しさです
ともに
愛　Paul Klee に
ふゆのひ
ののはな
あかんぼがいる
あいしてる
ごちそうさま
あのひとが来て
家族
おばあちゃんとひろこ
十二月
魂のいちばんおいしいところ
願い

他に書下し作品 2 編収録
リフィルのうた　六穴のうた

JN161322

poem piece
Published by poem-piece

詩を持ち歩こう　ポエムピースシリーズ PP16ST-02
リフィル 16 枚・ポストカードリフィル 2 枚（専用バインダー別売）
システム手帳〈聖書サイズ・6 穴〉のリフィルとして使用できます。

リフィルのうた

うすら寒ければ重ね着します
もう一杯飲みたければ注ぎ足します
なんだか物足りない感じなら
足りないのは他でもないあなた自身
読むだけで足りなければ
見るだけで不満足なら
自分で何かをリフィルしてみる
それがこのポエムピースのスピリット
足して引いて並べ替えてまた変えて
編集の醍醐味をリフィルで知ると
いつかカケラがぴったりはまり
あなただけのパズルの出来上がり！

谷川俊太郎

六穴のうた

一番穴はのぞき穴
のぞけば未来が見えてくる
二番穴は抜け穴だ
抜ければ地平を超えられる
三番穴は落とし穴
這い上がるのに苦労する
四番穴は針の穴
糸を通して傷を縫う
五番穴はブラックホール
墨の光も捕まえる
六番穴は風穴だ
春風秋風吹き抜ける

Shuntaro T.

poem
piece
定形外です

Post Card

愛

谷川俊太郎

poem piece

ポエムピース

◆このパッケージにおさめられている作品

これが私の優しさです
ともに
愛　Paul Klee に
ふゆのひ
ののはな
あかんぼがいる
あいしてる
ごちそうさま
あのひとが来て
家族
おばあちゃんとひろこ
十二月
魂のいちばんおいしいところ
願い

これが私の優しさです

窓の外の若葉について考えていいですか
そのむこうの青空について考えても？
永遠と虚無について考えていいですか
あなたが死にかけているときに

あなたが死にかけているときに
あなたについて考えないでいいですか
あなたから遠く遠くはなれて
生きている恋人のことを考えても？

それがあなたを考えることにつながる
とそう信じてもいいですか
それほど強くなっていいですか
あなたのおかげで

──『その他の落首』

ともに

ともに生きるのが喜びだから
ともに老いるのも喜びだ
ともに老いるのが喜びなら
ともに死ぬのも喜びだろう
その幸運に恵まれぬかもしれないという不安に
夜ごと責めさいなまれながらも

──『女に』

愛

Paul Klee に

いつまでも
そんなにいつまでも
むすばれているのだどこまでも
そんなにどこまでもむすばれているのだ
弱いもののために
愛し合いながらもたちきられているもの
ひとりで生きているもののために
いつまでも
そんなにいつまでも終らない歌が要《い》るのだ
天と地とをあらそわせぬために
たちきられたものをもとのつながりに戻すため
ひとりの心をひとびとの心に
塹壕《ざんこう》を古い村々に
空を無知な鳥たちに
お伽話を小さな子らに
密を勤勉な蜂たちに
世界を名づけられぬものにかえすため
どこまでも
そんなにどこまでもむすばれている
まるで自ら終ろうとしているように

まるで自ら全《まった》いものになろうとするように
神の設計図のようにどこまでも
そんなにいつまでも完成しようとしている
すべてをむすぶために
たちきられているものはひとつもないように
すべてがひとつの名のもとに生き続けられるように
樹がきこりと
少女が血と
窓が恋と
歌がもうひとつの歌と
あらそうことのないように
生きるのに不要なもののひとつもないように
そんなに豊かに
そんなにいつまでもひろがってゆくイマージュがある
世界に自らを真似させようと
やさしい目差でさし招くイマージュがある

──『愛について』

ふゆのひ

そこで　ころんだので
そこに　すわりこんだ
わたしは　これから
こいびとを　なぐりにいくところ
まだバスに　のらねばならないし
きゅうなさかを　のぼらねばならない
あいつはいまごろ　ぬくぬくとふとんのなか

すわりこんで　いきをしていたら
めのまえを　じてんしゃがとおる
のっているのは　せびろをきて
ネクタイをしめ　めがねをかけたおとこ
なにを　どこで　だれと　しにいくのか
わたしは　これからバスにのって
こいびとを　なぐりにいく

──『よしなしうた』

ののはな

はなののののはな
はなのななあに
なずなな　のはな
なもないのばな

――『ことばあそびうた』

あかんぼがいる

いつもの新年とどこかちがうと思ったら
今年はあかんぼがいる

あかんぼがあくびする
びっくりする
あかんぼがしゃっくりする
ほとほと感心する

あかんぼは私の子の子だから
よく考えてみると孫である
つまり私は祖父というものである
祖父というものは
もっと立派なものかと思っていたが
そうではないと分かった

あかんぼがあらぬ方を見て眉をしかめる
へどもどする
何か落ち度があったのではないか
私に限らずおとなの世界は落ち度だらけである

ときどきあかんぼが笑ってくれると
安心する
ようし見てろ
おれだって立派なよぼよぼじいさんになってみせるぞ

あかんぼよ
お前さんは何になるのか
妖女になるのか貞女になるのか
それとも烈女になるのか天女になるのか
どれも今ははやらない

だがお前さんもいつかはばあさんになる
それは信じられぬほどすばらしいこと

うそだと思ったら
ずうっと生きてってごらん
うろたえたり居直ったり
げらげら笑ったりめそめそ泣いたり
ぼんやりしたりしゃかりきになったり

そのちっちゃなおっぱいがふくらんで
まあるくなってぴちぴちになって
やがてゆっくりしぼむまで

――『真っ白でいるよりも』

あいしてる

あいしてるって　どういうかんじ？
ならんですわって　うっとりみつめ
あくびもくしゃみも　すてきにみえて
ぺろっとなめたく　なっちゃうかんじ

あいしてるって　どういうかんじ？
みせびらかして　やりたいけれど
だれにもさわって　ほしくなくって
どこかへしまって　おきたいかんじ

あいしてるって　どういうかんじ？
いちばんだいじな　ぷらもをあげて
つぎにだいじな　きってもあげて
おまけにまんがも　つけたいかんじ

――『いちねんせい』

ごちそうさま

おとうさんをたべちゃった
はなのさきっちょ
こりこりかじって
めんたまを
つるってすって
ほっぺたも
むしゃむしゃたべて
あしのほねは
ごりごりかんで
おとうさんおいしかったよ
おとうさんあした
わたしのうんちになるの
うれしい？

—『子どもの肖像』

あのひとが来て

あのひとが来て
長くて短い夢のような一日が始まった

あのひとの手に触れて
あのひとの頬に触れて
あのひとの目をのぞきこんで
あのひとの胸に手を置いた

そのあとのことは覚えていない
外は雨で一本の木が濡れそぼって立っていた
あの木は私たちより長生きする
そう思ったら突然いま自分がどんなに幸せか分かった

あのひとはいつかいなくなる
私も私の大切な友人たちもいつかいなくなる
でもあの木はいなくならない
木の下の石ころも土もいなくならない

夜になって雨が上がり星が瞬き始めた
時間は永遠の娘　歓びは哀しみの息子
あのひとのかたわらでいつまでも終わらない音楽を聞いた

――『夜のミッキー・マウス』

家族

　お姉さん
　誰が来るの　屋根裏に

私達が来ています

　お姉さん
　何が実るの　階段に

私達が実っています　弟よ
私とおまえとお父さんお母さん
外は旱天《ひでり》で
私達は働いています

　誰が食べるの
　テーブルの上のパンを

私達が食べるのよ
爪でむしって

　では
　誰が飲むの
　姉さんの血を

それはおまえの知らない人
背が高く　いい声の……

　お姉さんお姉さん
　納屋の中で何したの

おまじない
私達みんなの死なないように
私とあのひとはおまじないをした

　それから

それから
私の乳房は張るでしょう
もう一人の私達のために

　それは誰

それは私　それはおまえ
それはお父さんお母さん

　それから誰が来るの
　夜　お祈りする時に

誰も

　風見の鶏の上には

誰も

　街道の砂埃のむこうには

誰も

　夕暮　井戸のそばには

私達みんながいます

──『絵本』

おばあちゃんとひろこ

しんだらもうどこにもいかない
いつもひろこのそばにいるよ
と　おばあちゃんはいいました
しんだらもうこしもいたくないし
めだっていまよりよくみえる

やめてよえんぎでもない
と　おかあさんがいいました
こどもがこわがりますよ
と　おとうさんがいいました
でもわたしはこわくありません

わたしはおばあちゃんがだいすき
そらやくもやおひさまとおなじくらい
おばあちゃん　てんごくにいかないで
しんでもこのうちにいて
ときどきわたしのゆめにでてきて

おっけーとおばあちゃんはいいました
そしてわたしとゆびきりしました
きょうはすごくいいてんき
とおくにうみがきらきらかがやいて
わたしはおばあちゃんがだいすき

──『すき』

十二月

おかねでかえないものを　わたしにください
てでさわれないものを　わたしにください
めにみえないものを　わたしにください
かみさま　もしもあなたがいらっしゃるなら
ほんとのきもちを　わたしにください

どんなにそれが　くるしくても
わたしがみんなと　いきていけるように

──『谷川俊太郎詩集／ハルキ文庫』

魂のいちばんおいしいところ

神様が大地と水と太陽をくれた
大地と水と太陽がりんごの木をくれた
りんごの木が真っ赤なりんごの実をくれた
そのりんごをあなたが私にくれた
やわらかいふたつのてのひらに包んで
まるで世界の初まりのような
朝の光といっしょに

何ひとつ言葉はなくとも
あなたは私に今日をくれた
失われることのない時をくれた
りんごを実らせた人々のほほえみと歌をくれた
もしかすると悲しみも
私たちの上にひろがる青空にひそむ
あのあてどないものに逆らって

そうしてあなたは自分でも気づかずに
あなたの魂のいちばんおいしいところを
私にくれた

──『魂のいちばんおいしいところ』

定形外です

Post Card

願い

いっしょにふるえて下さい
私が熱でふるえているとき
私の熱を数字に変えたりしないで
私の汗びっしょりの肌に
あなたのひんやりと乾いた肌を下さい

分かろうとしないで下さい
私がうわごとを言いつづけるとき
意味なんか探さないで
夜っぴて私のそばにいて下さい
たとえ私があなたを突きとばしても

私の痛みは私だけのもの
あなたにわけてあげることはできません
全世界が一本の鋭い錐《きり》でしかないとき
せめて目をつむり耐えて下さい
あなたも私の敵であるということに

あなたをまるごと私に下さい
頭だけではいやです心だけでも
あなたの背中に私を負って
手さぐりでさまよってほしいのです
よみのくにの泉のほとりを

──『シャガールと木の葉』

定形外です

Post Card

谷川俊太郎　愛

ポエムピースシリーズ PP16ST-02

2016年12月15日発行　著者 / 谷川俊太郎
選・編集 / 古川奈央　デザイン / 堀川さゆり　発行 / ポエムピース
 Printed in JAPAN　ISBN978-4-908827-13-6 C0495

「ポエムピース」シリーズは、ポエムピースから。
システム手帳のリフィル型詩集シリーズ「ポエムピース」は
自分で好きな詩を選んで、好きな順番に編集できる詩集シリーズ。
バイブルサイズ6穴のリフィルに詩が印刷されており、
好きな詩だけを好きな順序に並べて楽しめます。
フリーメモやポストカードとして使えるピースも収録。
専用バインダーもラインナップしました。
今後、様々なテーマの詩集を発売してゆきます！
挿絵やシールなどのリフィルも発売予定。
「自分だけのコレクション」を、ぜひお楽しみください！

詩のある出版社
ポエムピース株式会社

poem piece

9784908827136

1920495006907

ISBN978-4-908827-13-6
C0495 ￥690E
定価　本体 690円＋税
発行　ポエムピース